JN021040

スヌーピーの
会話術

チャールズ・M・シュルツ

訳　　谷川俊太郎

監修　香山リカ

PEANUTS ®
by
SCHULZ

はじめに

　昔も今もみんなを悩ませるもの、それはコミュニケーション。

　精神科医を長くやっている私ですが、診察室を訪れる人の多くが「コミュニケーションのすれ違い」で悩んでいることに気づきました。

──お母さんは私の気持ちをわかってくれない。昨日もひどいことを言われました。

──友だちのためを思ってアドバイスしたのに、いやみを言ったと誤解されて……。

──会社の同僚となにを話していいかわからなくて、気まずい毎日なんです。

── 彼氏に私がどんなに大切に思ってるか、わかってもらいたいのに……。

　コミュニケーションがうまくいかない、というこんな悩みから、人間関係がギクシャクし、ストレスもたまり、ついにうつ状態になってしまう人も少なくありません。

　この人たちの多くは、とてもまじめで思いやりのある性格の持ち主です。もし「自分だけよければオーケー」というタイプなら、誰になにを言われても気にしないでしょうし、相手が自分のことをわかってくれなくても「あっちが悪い」と決めつけるでしょう。

　なんとか自分の気持ちを伝えたい。相手のことをわかってあげたい。「コミュニケーションのすれ違い」の根っこにあるのは、こんなやさしさなのです。

　ピーナッツの世界にも、やさしさやかわいらしさがあふれています。どのキャラクターも個性的で愛らしく、たまには意地悪なことを言ったりイタズラをしたりもするけれど、憎むべき悪人はひとりもいません。

　でも、そんなピーナッツの世界にも「コミュニケーションのすれ違い」はあるようです。というより、自分の気持ちを伝えるのが苦手な人や相手に誤解を与えない人の方が少ないくらい。どのキャ

ラクターも話術の達人ではありません。それどころか、そもそもスヌーピーやウッドストックのように言葉を持たないキャラクターさえ出てきます。

　では、どうやって彼らは「わかってくれない相手」や「思いをうまく伝えられない相手」とコミュニケーションしているのでしょう。おしゃべり上手、会話の達人になろうともしないまま、どうしてあのやさしい世界を守ることができているのでしょうか。

　そんな疑問から生まれたのが、この本です。

　そういう視点で眺めてみると、ピーナッツの世界にはコミュニケーションに関するいろいろなヒントが隠れていることがわかりました。それは決して、「こういうときにはこんなフレーズを使いましょう」「初対面の人とは、こんな姿勢、口調で話しましょう」といった一般のコミュニケーション術の本に書かれているヒントではありません。

　ときには受け流す。別の話題にかえてみる。ちょっとしたギャグや皮肉をつぶやいてみる。あるいは言葉なんてのみこんでしまう。「えっ、これでいいの?」と驚くようなやり方で、ピーナッツの住人たちは、ときにはちょっとムカついたりズキンときたりしながら、でもまたやさしく楽しく、彼らの世界でリラックスしながら生きているのです。

「精神科医によるコミュニケーション術の本なのだから、もっと相手の心理を理解し、効果的な言葉を話すテクニックが書かれてるのかと思った」という人もいるかもしれません。そんな人には、はじめから「ごめんなさい」と謝っておきます。これはそういう本ではありません。

でも、ピーナッツのキャラクターたちのかわいらしさやユニークさを楽しみながら、「なるほど。こうやってむずかしい人間関係をかわす方法もあるんだな」「言葉を使わずにこんなやり方で彼氏に思いを伝えてみようかな」などとたくさんのことに気づけるはず。それは保証します。

ではこれから、ご一緒にピーナッツの世界にダイブしましょう。読み終わる頃には、あなたも〝ピーナッツ流コミュニケーション〟のスキルを身につけ、肩の力を抜いてもっとラクに毎日の生活を送れるようになっているはずですよ。どうぞお楽しみに。

香山リカ

CONTENTS もくじ

ピーナッツの仲間たち

スヌーピーとその仲間たちはとっても個性的。

キャラクターはもちろん

家族や学校の友だち、片思いの相手など

人間関係がわかっていると

より楽しくコミックを読むことができます。

スヌーピー
SNOOPY

チャーリー・ブラウンに飼われている自尊心の高いビーグル犬。想像力にあふれ、犬小屋の上で空想にふけったり小説を書いたり。ときには弁護士や外科医、イケてる大学生「ジョー・クール」、第一次世界大戦下のパイロット「フライング・エース」に変装することも。食べ物に目がなく、クッキーが大好物。

多才な夢想家
もしくは変装名人

特技　スポーツ、タイプライターで小説を書くこと
弱点　ココナッツ、「WW2」という名の隣家の猫
トレードマーク　犬小屋の上で寝そべる突き出たお腹
豆知識　スヌーピーの最初の飼い主は、「ライラ」というかわいい女の子

CHARLIE

チャーリー・ブラウン

BROWN

　不器用で優柔不断、一生懸命頑張っても失敗ばかり。飼い犬のスヌーピーからは名前を覚えてもらえず、監督兼ピッチャーを務める野球チームは負け続き。眠る前にはベッドであれこれ悩むけれど、決してあきらめず妥協しないヒーロー、そして心やさしく思いやりいっぱいの愛されキャラ。

不器用だけど
心やさしい
愛されキャラ

特技　へこたれない力と希望を失わないこと
弱点　一度も話したことのない赤毛の女の子
トレードマーク　ジグザグ模様がポイントの黄色いシャツ
豆知識　彼の髪はあまりに細くて美しい金色なので見えないだけ

特技　誰もいなくても何かに当たり
　　　散らせること
弱点　シュローダー、スヌーピーの
　　　キス、野球
トレードマーク　みんなの悩み相談を受
　　　ける精神分析スタンド
豆知識　男女同権をずっと主張して
　　　いる彼女の野望は大統領に
　　　なること

スーパーポジティブな
不機嫌屋

ルーシー
LUCY

　たいていは不機嫌で、いつもガミガミ怒鳴っている騒々しい
女の子。世界は自分を中心に回っていると信じ、常に自分は正
しいと思っていて、誰に対しても遠慮なくはっきりものを言い
ます。チャーリー・ブラウンや弟のライナスには特に厳しく当
たりますが、片思いのシュローダーの前ではいきなり乙女。

ライナス
LINUS

精神を安定させる安心毛布が手放せず、指しゃぶりもやめられないルーシーの弟ライナス。おまけに、ハロウィンにはかぼちゃ大王がやってくると信じています。そんな幼い一面を持ちながら、大人顔負けの哲学や聖書を引用した理論を披露するなど、近所で一番の知性派として知られています。

安心毛布を持った
小さな哲学者

特技　大人顔負けの理論構築
弱点　サリー、安心毛布の洗濯日
トレードマーク　いつも手にしている
　　　　　　　　水色の安心毛布
豆知識　弟のリランが誕生する前
　　　　の一時期近視でめがねを
　　　　かけていた

特技　屁理屈、校舎に話しかけること

弱点　ライナス、宿題、サマーキャンプ

トレードマーク　広がった金髪と水玉模様のワンピース

豆知識　彼女がライナスを「バブーちゃん」と呼ぶのは、シュルツさんを妻ジーンさんが「バブーちゃん」と呼んだのが由来

筋金入りの
ちゃっかりプリンセス

サリー
SALLY

　チャーリー・ブラウンの妹。学校になじめず、いつも巧妙な屁理屈で兄に宿題を手伝わせるちゃっかり屋。ライナスに夢中で、彼を「バブーちゃん」と呼び、追いかけては困らせています。いつも何かしら答えを探していて、わからないときは、新しい哲学「関係ないでしょ」に行きつきます。

PEPPERMINT
ペパーミント パティ
PATTY

　自分の野球チームを持つほどのリーダー気質と抜群の運動神経。何ごとにも恐れず、どんな挑戦もやりこなし、フィギュアスケーターを目指してスヌーピーとペアを組んだことも。ただし勉強は大の苦手で、授業とは彼女にとって眠る時間のよう。チャーリー・ブラウンを「チャック」と呼び、絶賛片思い中。

勉強以外は
やりこなす
タフガール

特技　スポーツ、授業中の居眠り
弱点　チャーリー・ブラウン、学校の成績
トレードマーク　ショートパンツと父に買って
　　　　　もらったサンダル
豆知識　名前は「ペパーミントキャンディ」
　　　　に由来する。本名はパトリシア・
　　　　ライクハート

特技　勉強
弱点　スポーツと呼ばれるもの
　　　すべて
トレードマーク　小脇に抱えた本と
　　　　　　　丸いめがね
豆知識　『星の王子さま』を原書
　　　で読んだことがあり仏
　　　語もできる設定

運動NGでも
友情に厚い優等生

マーシー

MARCIE

　真面目な性格で勉強が大得意。もちろん成績優秀ですが、ス
ポーツはまったく音痴な上に無知。野球とホッケーの違いもわ
かりません。そんな自分とは正反対な大親友、運動神経抜群の
ペパーミント パティのことを敬愛。ですが、彼女が好きなチャ
リー・ブラウンを「チャールズ」と呼び、同じように慕っています。

シュローダー
SCHROEDER

　将来の夢は、敬愛するベートーベンのような偉大な音楽家になること。ルーシーの積極的すぎるアタックやスヌーピーのいたずらに邪魔されながらも、おもちゃのピアノで華麗にクラシックの名曲を演奏します。野球チームでは監督でもあるチャーリー・ブラウンに信頼を寄せ、キャッチャーとして活躍中。

おもちゃのピアノを
愛す音楽王子

特技　ピアノ演奏
弱点　ルーシー、ベートーベン
トレードマーク　おもちゃのピアノ
　　　　　とボーダーシャツ
豆知識　登場する楽譜を見ると
　　　意外にもモーツァルト
　　　を演奏していることが
　　　あるよう

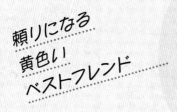

頼りになる
黄色い
ベストフレンド

特技	頭を下にしてさかさまの姿で飛ぶこと
弱点	まっすぐ飛ぶこと、高く飛ぶこと
トレードマーク	点々と感嘆符で話す小さく黄色い鳥
豆知識	名前の由来はアメリカ音楽史に残る有名な野外音楽フェスから

ウッドストック
WOODSTOCK

　スヌーピーの親友であり、有能な秘書。スヌーピーがヘリコプターになったらそのパイロットを務め、撃墜王になったら整備を受け持ちます。スヌーピーが隊長の探検隊「ビーグル・スカウト」にも参加。渡り鳥なのに飛ぶことが苦手。言葉も独自ですが、スヌーピーとは意思の疎通ができています。

フランクリン
FRANKLIN

成績運動性格
オールAの優良男子

　性格は穏やかで思慮深く、じっくり考えてから行動する慎重派。ペパーミント パティやマーシーと同じ学校に通い、隣街に住むチャーリー・ブラウンとはビーチで知り合い意気投合しました。成績優秀なだけでなくスポーツも万能で、ペパーミント パティの野球チームではセンターを担当。

特技　野球、アイスホッケーなどスポーツ
弱点　教室（ペパーミント パティの前の席）
トレードマーク　初めてのアフリカ系アメリカ人キャラクター
豆知識　音楽やダンスなど芸術で自己表現するという意外な一面も

ピッグペン
PIGPEN

特技　ホコリ集め、ダンス
弱点　お風呂と石けん
トレードマーク　体の周囲にたちこめるホコリ
豆知識　名前の意味は「豚小屋」で本名はいまだ明かされていない

ホコリを引き寄せる
誇り高き少年

リラン
RERUN

クセ強姉兄に
負けない末っ子

ルーシーとライナスの弟。純真無垢ながら口達者で、頭の回転の速さと屁理屈のうまさは姉兄に匹敵するほど。2人目の弟誕生に、ルーシーが「まるで再放送（Re-run）だわ！」と言ったのが名前の由来。犬が飼いたいのに母親が許してくれないため、スヌーピーをあの手この手で遊びに誘います。

特技	型破りなアンダーグラウンドコミックス創作
弱点	荒っぽい運転をするママの自転車後部座席
トレードマーク	ライナスにそっくりで違いはオーバーオール
豆知識	幼稚園に行きたくなくて1週間もベッドの下にもぐっていた

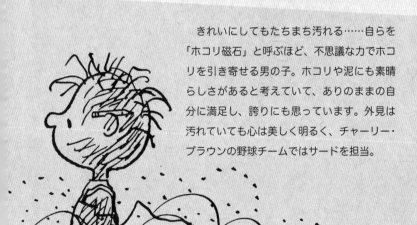

きれいにしてもたちまち汚れる……自らを「ホコリ磁石」と呼ぶほど、不思議な力でホコリを引き寄せる男の子。ホコリや泥にも素晴らしさがあると考えていて、ありのままの自分に満足し、誇りにも思っています。外見は汚れていても心は美しく明るく、チャーリー・ブラウンの野球チームではサードを担当。

赤毛の女の子
THE LITTLE RED-HAIRED GIRL

チャーリー・ブラウンが片思いする女の子。遠くから見つめているだけなので、その思いには気づかないまま。シルエットでのみ登場。

見つめるだけの
恋のお相手

ちょっと
意地悪な
幼なじみ

パティ
PATTY

連載初期から登場する、チャーリー・ブラウンの幼なじみのひとり。チャーリー・ブラウンに意地悪総攻撃を仕掛ける、いけずな女の子。

ロイ
ROY

サマーキャンプの
さみしがり屋

サマーキャンプで泣いているところをチャーリー・ブラウンに声をかけられ友達に。ペパーミントパティの同級生。

行き違う
恋の文通
相手

キャンプで出会い、チャーリー・ブラウンが恋に落ちた女の子。文通が始まったものの、いろいろな行き違いから恋の行方は……。

ペギー・ジーン
PEGGY JEAN

SNOOPY'S FAMILY　スヌーピーの家族

ふわふわ
毛並みの
常習迷子

不名誉な
過去を持つ
ふっくら犬

アンディ
ANDY

　オラフと一緒に旅をするのが好きなふわふわ犬。ただし、方向音痴で道に迷ってばかり。農家の飼い犬だったこともある。

オラフ
OLAF

　おっとりした性格とふっくらした体が特徴。「醜犬コンテスト」に出場し、うっかり優勝してしまうという不名誉な経歴の持ち主。

スパイク
SPIKE

砂漠で暮らす
ロンリーガイ

　荒野でサボテンとともに暮らす、孤独を愛する兄。長いひげと帽子、スリムな体が特徴。きょうだいのなかで、最もスヌーピーと親しい。

マーブルズ
MARBLES

きょうだい
ナンバー1の
知性派

　きょうだい唯一のマーブル模様が目印。賢く現実主義で、変装癖のあるスヌーピーが理解できず放浪の旅へ。

ベル
BELLE

たったひとりの
美しき
女きょうだい

　長いまつ毛と大きな丸い目がチャームポイント。きょうだい唯一の女子で、背が高くスレンダーなティーンエイジャーの息子を持つ母親。

恋 LOVE みんな片思い

SMAK

ペギー・ジーン

赤毛の女の子

好き 好き

チャーリー・ブラウン

好き 好き

ペパーミント パティ

マーシー

ライナス　←　サリー

好き

隣街の友だち

フランクリン　　マーシー　　ペパーミント パティ

スヌーピーの
大親友

ウッドストック

友だち *FRIENDS*

学校の友だち

ピッグペン　　シュローダー

サマーキャンプ
で出会う

ロイ

THE BROWNS ブラウンの家族

兄
チャーリー・ブラウン

妹
サリー

相棒
スヌーピー

FAMILIES 家族

RING!!

ヴァン・ペルトの家族 THE VAN PELTS

弟
ライナス

弟
リラン

姉
ルーシー

CHAPTER 1

自分を守る
会話術

会話は人と人を結ぶ、大切なコミュニケーションツール。でも、ときに攻撃的な言葉やネガティブ発言に落ち込んでしまうことも。自分を守るために相手をふんわりかわしユーモアで切り返すテクニックを紹介します。

安心感だって!!
ヘーエだ!

毛布持ってそこに立ってる
姿がどんなにバカげてるか
わかってるの!

でも安心してる以上
どんなにバカげて見えても
気にしないんでしょうね…

そうさ…ボクはバカの中に
安住してるんだ!

感情的になりすぎず
批判はひとまず受け入れて
ポジティブに返そう

　精神安定のための安心毛布が手放せず、姉のルーシーをイライラさせてしまうライナス。ですが、今日はルーシーの感情的な攻撃を上手にかわします。

　考え事をしているのに「怠け者」と批判されると、「失礼な！」と反撃しがち。そんなときは、ライナスのように「そうですね、怠け者ですね」とひとまず受け止め、「でも、怠けているときにアイデアが浮かんだりするんです」と批判のなかにある効果やメリットを口にしたいもの。相手の言葉を逆手に取ったり開き直るのではなく、あくまでポジティブに。

どんなに細心だって細心すぎる
ことはないと**思うわ**！

まったくの話　やっつけられるのは
ゴメンよ！
そうよ！ やっつけるんだとしたら
それは**私**のほうよ！

現代を生きのびる道は
ただひとつ…
やっつけられる前に
やっつけろ！

いざという時にささえになる
哲学をもってるってのは
いいもんだろうね！

格言めいた枕詞は
会話をやわらげる
クッション

「現代を生きのびる道はただひとつ」ルーシーのように頭にこんな台詞をつけると、なんだか格言のように聞こえます。

　自分の考えを正当化したいときや反論したいとき、自分を主語にしないで誰かの威力を借りるのもあり。たとえば、「昔の哲学書には……」とか「シェークスピアが言うには……」とか、曖昧な格みたいにしてみる。これは、自分の気持ちを伝えつつ、私が言ってるんじゃないと思わせるテクニック。相手を否定したり傷つけたりしたくないとき、やわらかなクッションになってくれます。

ねぇ、いつもここに
そうしていられて
練習できると思う？

I'M SORRY..I SHOULD HAVE KNOWN... I APOLOGIZE...

ごめんね…
気がつかなかったわ…
お詫びします…

向こうへ行って、
ひとりにしてあげる…
あなたの悩みは
よくわかってるの…

美人を前にして
集中するのは難しいもの！

ポジティブな発言で
「見捨てられ不安」を
打ち消そう

　いつもシュローダーのピアノに寄りかかって、彼につきまとうルーシー。どんなに邪険に扱われてもおかまいなしで、毎回前向きに受け止めます。

　たとえば「ちょっと席を外して」なんて言われると、自分は邪魔だと思えてきて、どんどん不安が強まり、さらに落ち込む……。そういった悪循環に陥ることもあります。心理学で「見捨てられ不安」といいますが、好意を持つ相手ならなおさら。でも、「この後、もっと楽しく過ごすため」と考えれば、自分で不安を打ち消して明るく対応できそうです。

ライナス、
私ってとても意地悪
だと思う？

そこに立ってて…
動かないでね

うん、
すごく意地悪
だと思うよ！

言いたくても
言えないことは
紙に書いて吐き出そう

　しばしばライナスから毛布をとりあげようとするルーシー。そんな姉に言いたいことは山ほどあるのに、離れた場所から叫ぶのが精一杯のライナスです。

　直接相手に言いたくても言えないことは、日記に書くのがおすすめです。その場では、ちょっとした皮肉ではぐらかして、後で「本当に腹が立った」と胸の内を紙の上に吐き出すのです。ただ、それを匿名の SNS でするのは避けましょう。自分では歯止めがきかなくなって、誹謗中傷になりかねません。

嫌な天気！

また不平言ってるの？
年がら年中こぼしてばっかり
だって分かってる？

どうして不平を
やめなきゃいけないのよ？

私の
唯一の得意技
なんだから！

短所をとがめられたら
自分に温かな目を向けよう

　いつも感情的で不平ばかりの姉のルーシーを、理性派のライナスがたしなめます。でも、「唯一の得意技」と言い放たれてあっさり撃沈……。

　短所やネガティブな特徴をとがめられると、人は落ち込んだり反発したりしがちです。そんなとき、「これが私なの」と自分に少し温かい目を向けてみると、必要以上に傷つかずにすみます。ただ、ルーシーのようにあまり開き直りすぎないように。いばり屋の彼女なのに、「唯一」と言っているところはちょっと謙虚でかわいいのですが。

あしたは
バレンタインの日ね…

バレンタインカードくれる？

今まであげたこと
ないじゃないか…
ことしはあげるって
キミに思わせたのは何だい？

希望よ！！

夢や希望は
かなわなくてもいい
肯定し楽観する気持ちが大事

　ルーシーの恋の相手は、ベートーベンを敬愛するシュローダー。彼からどんなに邪険にされてもめげない、鉄のハートの持ち主です。それはきっと彼女が、根拠のない自信や希望を持ち合わせているから。

　私たちも「いつかうまくいくかも」と、肯定的＆楽観的に思う気持ちが大切。悪い方に考えて、「うまくいく理由がない」なんて理屈っぽく考える必要はありません。かなわなくても、それはそれでいい。夢は人生に大事な財産です。

これ君のビーチボール？

そう！そうだよ！
ありがとう！

あっちで泳いでたら、
プカプカ浮いて来たんだ…

ボクのアホ妹が
投げちゃったんだ

砂のお城作ってんだね…

ちょっとゆがんでるみたい

そうかも…近所じゃボク、
器用で有名って
わけじゃない…

否定的な言葉は
自分の特徴や個性として
言い直す

　穏やかな性格で、チャーリー・ブラウンのよき友人フランクリン。ふたりはこのビーチで初めて出会い、親しくなりました。

　フランクリンに悪意はないようで、言われたチャーリー・ブラウンも落ち込むわけでなく、「ゆがんだもの」と受け入れつつ、自分の特徴だと言い直します。否定的なことを言われると、すぐに傷ついて次の言葉が出ない……なんてこともありますが、「それが私なんだよね」と答えるのは心を守るよい作戦。チャーリー・ブラウンのようにユーモアで切り返すと、相手も「ユニークだね」と返してくれるかも。

野球シーズンが来るね、
チャック

これがおなじみの
ピッチャーマウンドだね？
この上でずいぶん
時を過ごしたんだ…

野球大好き…
毎日野球していたい

キミは変わった
女の子だね…

私のこと好きみたいね、
チャック？

人との違いを指摘されたら
ほめ言葉と受け止める

　何事にも恐れず、どんな挑戦もいとわないタフガール、そんなペパーミント パティが思いを寄せるのは、彼女が「チャック」と呼ぶチャーリー・ブラウン。でも、鈍感な彼は彼女の思いにまったく気づきません。

　自分は一般的でないのでは？　とか、人と違うのでは？　と気に病んだりしがちですが、「ちょっと変わっている」ことは大切な財産でもあります。劣等感を持つ必要もないし、無理に直さなくても大丈夫。ペパーミント パティのようには言えなくても、彼女の自己肯定感は見習いたいものです。

考えてほしいんだけど…

世の中に悪い人のほうが
多いの、それとも
いい人のほう？

ダレが言えるのさ？
ダレがよくてダレが悪い
かってことを
ダレが言えるのさ？

私よ！！

世の中の基準だけでなく
「私基準」も
ときには大切

　チャーリー・ブラウンにとって、ルーシーはいじめっ子の友だち。彼女はいつだって自己肯定感が高く、常に自分ファーストです。

　すばらしいことやダメなこと。私たちの世の中には「よい」「悪い」などの基準があって、みんなそれに従って生きています。そんな世間の基準に合わせて、自分を押し殺してしまうことってありませんか。みんながダメというものでも、「私は好きだよ」と言っていいんです。ルーシーほどじゃなくても、ときには気後れしないで「私基準」をつらぬきましょう。

ほんとに人生
食べる以外のことについても
考えようとしなきゃだめだよ

そのとおりさ

眠ることも
非常に大切だね

無駄な時間もときには必要
自分で積極的に
守りたいもの

　合理性とか生産性が重要視される昨今、欲しいものだってネットがあればいつでもどこでも簡単に手に入れることができます。でも、朝までお店が開くのを待つような、一見無駄な時間が実は私たちにとって必要だったりします。

　チャーリー・ブラウンの飼い犬スヌーピーは、とても自由なビーグル犬。人生において食べること以外に考えるべきなのは、いかに眠るかということ。私たちも、犬のように眠ったりぼんやりしたりする時間を自ら積極的にキープしたいものです。

私にバレンタイン
くれなかったわね？

気にしないわ…
いい口実ができるもの

なんの口実だい？

あなたのピアノを
けっとばす口実よ！

論点のすり替えに
負けないで
場面によっては
爆発してOK

　かわいさあまって憎さ100倍。大好きなシュローダーを夢中にさせるピアノへのライバル意識も加わって、ルーシーはたびたびこのおもちゃのピアノを破壊します。

　彼女のように爆発したりキレてしまうこと、必ずしもNGではありません。ただ、その爆発に対して、「言い方や態度が悪い」と内容に無関係な部分で論点をずらそうとする相手もいます。そんなすり替えには負けないで、「不快です」と言うべき場面はあるもの。的外れな返しを恐れて、黙ったり笑ってごまかす必要はありません。

先輩の授業中のいねむりは
本当に問題だと思います

気にしないでよ、
マーシー

でも気になります…

眠るつもりで
学校にきてるような
印象を与えてますよ…

どうして
そんなこというの、マーシー？

謝りグセを見直して
批判的な言葉にも
動じない

　スポーツ万能のペパーミント パティですが、勉強は苦手。学校とは寝る場所で、授業中はいつも居眠りをしています。親友のマーシーが突っ込むように、今日も眠る気満々。

　私たちは「それ問題だと思うよ」なんて注意されると、たちまち萎縮したり不安になったりします。それで、つい反射的に「すみません」と謝ってしまうことも。すると、こちらに非がある空気ができあがって、どんどん負の深みに落ちてしまう……。謝りグセのある人は、まず「そんなつもりはないよ」と言ってみるのもよいでしょう。

美しさの秘訣

あのねえ

私をそこへ座らせるほうが
いいと思うわ、
コラム書くの手伝ってあげる…

みにくさの秘訣

相手に伝わらなくても
ちょっとした反撃で
スッキリ

　スヌーピーのコラム執筆の手伝いを申し出るルーシー。助けてあげようと思ったのに、思いがけずスヌーピーから反撃を受けてしまいます。

　本人に向かってはっきり反論できないときは、SNSツールで絵文字やスタンプを送ってみるのもひとつの手段。反論にも見えるし、面白くも見えるスタンプで、ちょっとした反撃をしてみる。相手は気づかないかもしれませんが、たとえ伝わっていなくても、自分のなかでは「ちょっと言えた！」とスッキリすることもあります。

キミの犬に
外で兎追いしないかって訊いてよ…

カレのやり方でよければ
やると思うよ…

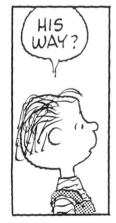

カレのやり方って？

よーし。
あの角まで行って
野原を横切るんだ…

ちょっと違うな
と感じたら
落とし所を見つけよう

　犬が飼いたくても許してもらえないリランは、今日もスヌーピーを誘います。でも、彼が思うウサギ追いとはちょっと違うような……。

　お互いの望みがずれると、一方は思い通りになるけれど片方は我慢することも。でも、人と人とのやりとりには、ここなら手が打てるというポイントがあります。そこを見つけると、お互いに満足できるもの。リランも、新しいやり方が気に入ったかもしれません。最終的に「思ったことと違ったけど楽しかった！」と思えれば、コミュニケーションとして成功です。

さあ、リラン、このお話を読んであげるからね、
もし "どうして" って言ったら、ぶつわよ！

なんで？

妥協と反発の
間にある
第三の道を進もう

　ルーシーの弟リランは、「どうして？」が口癖。うんざりする姉などおかまいなしに、賢い彼は世のなかのあらゆることが疑問に思えて、頭のなかは「どうして？」だらけ。

　ゆずれないこだわりに、ダメ出しをされたら……妥協して相手に従うか、反発して我を通すか。二択のように思いますが、その中間を取るという方法もあります。ちょっと工夫することで、目的を達成させながら相手にそれほど嫌な思いをさせないという、リランのような第三の道が見えてきそうです。

もし私が
庭仕事するって決めたら
どうする？

つまりきみは土を掘って、
雑草をみんな抜いて、
種を植えて、
また雑草を抜いて、
種に水やって、またまた
雑草を抜くのかい？

もし
私の気が変わったら
どうする？

正当な理由が
なくても大丈夫
断るときは話を
ずらして

　庭仕事をしようと思ったものの、兄のチャーリー・ブラウンからその大変さを聞かされ、急に気持ちが萎えるサリー。でも、「したくない」という気持ちをストレートに伝えないのがサリー流。

　何かを断るとき、はっきり嫌なことは嫌と言うことは大事ですが、誰もがストレートに言えるわけでもなく、相手との関係性から言えないこともあります。そんなときは、「別の用事があるから」とか「その日はしたいことがあって」とか、曖昧な理由を使って大丈夫。話をずらして相手をかわすことは悪いことではありません。

宿題手伝ってくれたら、
秘密の宝をあげるって
約束するわ…

いくらくらいの
宝なんだい？

それを言ったら、
秘密じゃなくなるわ

お兄ちゃんがこういうこと
に弱いのには関心するわ…

断りにくい相手
からの誘いには
謎めいた答えで
その場をしのぐ

　あの手この手でチャーリー・ブラウンに宿題を手伝わせる、妹のサリー。彼は今日もお約束通り、妹の巧みな術中にはまってしまいます。

　この会話、パワハラ上司に誘われたときにも使えそう。「何の用事があるの？」と聞かれたら、「ちょっとそれは秘密にしておきますね」など、具体的なことは言わずにその場をしのぐ。はっきりノーというのが正解とされる昨今、100点の対応ではないかもしれませんが、言いづらいときだってあります。ふんわりかわすには、有効な答え方ではないでしょうか。

世界は一年に一度
太陽のまわりを回ってるって
ここに書いてある…

世界は太陽のまわりを
回ってるんですって？

それ確か？

私のまわりを
回ってるんだと
思ってたわ！

ときには自分を
優先順位の
一番にしよう

　自己肯定感が高いルーシーは、スーパーポジティブガール。彼女の世界では、太陽だって彼女を中心に回るのです。

　ルーシーのように自己中心的な考えや自分勝手な行動は、一般的には悪いことのようにいわれています。彼女のように口にするかは別として、自分を優先順位の一番に考えるのは決して悪くないこと。「自分が幸せなのは、自分のことが好きだから」という考えを持つルーシーを見習って、自分を大事にすることを忘れないように。

年月がたつにつれて、
みんなだんだん親しさが
増してくるね…

お互いに相手を
大切にすることを学ぶ…

ほんとだな

キミとボクも
今までのいつより親密に
なってると思いたいね…

ボクとご飯皿のこと
言ってるのかと思った…

自分に都合よく受け取るのも
ストレスを受けない
ための技術

　チャーリー・ブラウンとの関係より、ご飯皿との方が
親密。そんな思いのスヌーピーですが、チャーリー・ブ
ラウンは今が過去一番の親密気分です。

　会話とは、口にした先からどんどん消え去っていくも
の。相手がどういうつもりで言っているのか、考え始め
るとキリがありません。ましてや数日前の会話を思い出
して、あれこれ思い悩んでも取り返すことはできません。
流れていく会話のなかで、相手の言葉を自分に都合よく
受け取っていくのは大切なこと。ストレスを受けないテ
クニックといえるでしょう。

音楽会にはちゃんと
準備してくることに
しました

作曲家や
今日の曲目について
みんな読んできたんです…

えらいわね、マーシー

私だって
準備してきたわ!

相手のすごさにひるまないで
私は私と堂々と

　優等生だけど運動音痴で真面目なマーシー、劣等生だけどスポーツ万能で破天荒なペパーミント パティ。大の仲よしでも、まるで正反対なふたり。音楽会に出かけても、曲について予習をしてきたマーシー、眠るためのクッションを持参したペパーミント パティと準備はそれぞれです。

　相手がちゃんとしていると、ちょっとひるんで自信をなくすことがあります。でも、何がいいかは人によって違うもの。「すごいですね、私は全然ダメです」と片方が卑屈になるのは、お互いのためによくありません。ペパーミント パティのようにおじけづかず、堂々と答えたいものです。

以前は晩ごはんとなると、そこらじゅう
喜んで踊りまわったじゃないか…

若い頃より今が素敵
年齢いじりは賢くかわす

THERE'S ALWAYS SOMEBODY READY TO REMIND YOU OF THE DUMB THINGS YOU DID WHEN YOU WERE YOUNG..

若気のいたりを思い出させたい奴ってのが、
どこにもいるもんだね…

　ご飯のたびに、うれしくて踊りまわっていた子ども時代のスヌーピー。成長とともにそんな振る舞いも落ち着いて、チャーリー・ブラウンへのサービスとして踊ることも増えてきました。

「若いときはよかったね」とか「若いからいいよね」とか、私たちはついつい若さに価値や意義を持っていきがちです。でも実は、若いときより今の方が成長していて、ずっと満足できる状態にあるのかもしれません。「昔はキラキラしてたのに……」なんて、年齢のことをネガティブに言われても、キレたりしないでスヌーピーのように賢くかわしたいものです。

キミのおじいちゃん引退したんだろ、　　　　一日中忙しいんだって…
どうやって時を過ごしてるんだい？

何してるの？　　　　おじいちゃんしてるのさ…

「最近どうしてる？」の挨拶には「いつも通り」と返事する

　思慮深く成績優秀で、穏やかなフランクリン。チャーリー・ブラウンとは学校も野球チームも違いますがよき相談相手で、ときどきふたりは大好きなおじいちゃんについて語り合います。

「最近どうしてる？」と聞かれると、「仕事が忙しい」とか「趣味を楽しんでます」など実のあることを答えようとしがちです。何も話すことがなくても引け目に感じる必要はありません。日々を生きていれば、誰にでも毎日いろいろなことが起きているもの。だから、堂々と「いつも通りだよ」と答えて大丈夫。「自分を生きています」でもいいのです。

ブラウニー・チャールズ！
待ってるのよ！
ボール支えてるのよ！

ボクときたら彼女を
信用できるかどうか迷ってる…
自分が憎いよ！

ダレかボクを
決心させてくれるやつは
いないかな…

ポーン！

助けてほしいときは
独り言でも
声にしてみる

　チャーリー・ブラウンが恋するペギーに、走ってボールを蹴るように言われますが、いつも蹴る直前にルーシーにボールをはずされている彼は、疑いでいっぱい。

　黙っていたら、ただグズグズしている人。でも、チャーリー・ブラウンのように口に出せば、求めていることが伝わります。「助けてくれる人いないかな」と独り言でも声にすると、手をあげてくれる人がいるかもしれません。反応がなくても、それはみんなも忙しいだけで、落ち込まなくて大丈夫。口に出すのをやめないで、次の機会に試してみたいものです。

もしぼくらの役割が入れ替わったらどうかな…

もしキミが主人で
ボクが犬だったら？

ボクが主人だとばかり
思ってたけど…

こちらがひるむと
思い上がる
そんな相手には
余裕の態度で

　スヌーピーは、チャーリー・ブラウンのことを飼い主というよりも、「ご飯をくれる丸頭の男の子」と思っているよう。彼に対し、しばしばどうでもいいような扱いをする反面、励ましたり支えたりします。

　ここでは主人と飼い犬の話ですが、役職や年齢の上下によって自分の方が偉いと思う人もいます。そういう人は、こちらが萎縮するとさらに増長して関係も悪くなりがち。でも、上だと思い込んでいる人が成り立っているのは、その人が下に見ている人のおかげだったりするものです。そう考えて、余裕の態度で接すれば、意外にうまく対応できるものです。

ときどき眠れないままに
自問することがある、
「人生って
こんなもんなのか？」

すると声が聞こえてくる…

「そんなこと、
きいてどうする？」

答えにくい質問には
質問で返す
大事な話にたどり着くことも

　眠りに入る前、物思いにふけるチャーリー・ブラウン。ベッドのなかで自問自答する彼の姿を、私たちはたびたび目にします。この問いかけに対して質問で返す方法は、会話にも使えそう。

　たとえばプライベートな質問をされたとき、「どうして気になるんですか」と逆に聞いてみる。すると、「実はそのことで問題を抱えていて……」と、相手の大事な話にたどり着くことがあります。質問に質問で返すのは一般的に NG とされていますが、答えにくい質問や答えのない抽象的な問いかけには、質問で返すのもありです。

ごめんね、監督、
いまのフライとれなくて…

今度は
どんな言いわけ
するんだい？

飛行機雲が
目に入ったの…

言い訳も上手に使えば
痛手から自分を守る
テクニック

　あいかわらず野球が上達しないルーシー。いつも弱気なチャーリー・ブラウンもマウンドの上では強気ですが、ルーシーは一枚うわてです。

　私たちの人生は、説明できることばかりではないはず。言い訳はとても悪いことのように思われがちですが、ときにはうまく使いたいもの。どんなに考えても原因や理由がわからないときは、別の何かのせいにしてしまいましょう。人間関係を築いていく上で、自分で自分の痛手を回避するひとつのテクニックです。

バスまだ？ 　　　　もうバスが来てたら、
　　　　　　　　　　もう乗ってて、
　　　　　　　　　　いまごろ学校まで半分来てて、
　　　　　　　　　　ぼくはここで質問されたりしてないよ！

また朝ごはんに
意地悪フレーク食べたのね？

意地悪発言は
何かのせいにして
自分と関係のない話に

　大好きなライナスから、意地の悪い返事をされるサリー。こんなことを言われたら、たいていの人は「私のことが嫌いなのね」と解釈するものです。

　ところが、「意地悪フレーク」のせいにしてしまうのがサリー。「ラッキーカラーを身につけていなかったから」とか、不運を何かのせいにするのに似ています。これは相手の嫌な言葉をやり過ごす、ひとつのテクニック。「今日は曇ってるから、お天気のせいだね」なんて、自分とは関係のない話にしてしまうことで、場の空気も穏やかになります。

映画、どうだった？

ネガティブな感想は
ちょっとした皮肉や
ウィットで包んで

始まった瞬間から長すぎたわ…

　映画や本、お店などをすすめられて、ちょっと趣味に合わなかったとき。「好きじゃなかった」とはっきり言うのもカドが立つし、「すごくよかった」と言いすぎるのも自分にストレスがたまってしまう……。

　そんなとき、サリーのように答えてみては。お料理だったら、「食べ飽きちゃうほどたくさんあったわ」とか「食べる前からお腹いっぱい」というように、ネガティブな中身をちょっとした皮肉やウィットみたいなもので包んでみる。ストレートに否定しないテクニックです。

CHAPTER 2

仲を深める
会話術

お互いを理解し合えば、たとえ意見が違っても大らかに
受け止められるもの。相手の気持ちにそっと寄り添い、
励ますことや共感することで、信頼し合える関係に。
お互いの心の距離を縮めるテクニックを身につけましょう。

問題に真っ向からぶつかる
のは嫌なんだ

一番いい解決法は、
問題を避けること

これはボク独特の哲学なのさ…

いかなる問題も
逃げ出せないほど
大きくも複雑でもない！

行き止まりへと
向かう人には
逃げ道を探す提案を

　いつも励まし合い、温かな手を差しのべ合うチャーリー・ブラウンとライナス。次々に襲ってくる問題をどうするかはふたりの共通テーマですが、ライナスは素敵な突破法を見つけた様子。

　誰でも、大なり小なり悩みがあるもの。ですが、悩んでいる人は、他人には小さく見える問題でも大きく受け止めてしまいます。そして、「もう終わった」とか「絶対に解決しない」とか、行き止まりに向かいがち。でも、ライナスの言うように逃げ出せないほど大きくも複雑でもないはず。悩む相手には、逃げ道を探す大切さを伝えたいものです。

あなたはゼッタイ
変われないわよ！

あなたは相変わらず
意地悪小娘よ！
生まれつき意地悪で、
いつまでも意地悪のままよ！

変われるなんて
思わないほうがいいわ
ムリよ！

急に救われたような気持ち！

信頼関係のある
友だち同士
ときにははっきり
言うことも大切

　周囲から意地悪と言われても平気だったのに、あると
き「人にやさしくすべきかも」と悩み始めるルーシー。
そんな彼女を救ったのは、同じ意地悪族に属するパティ
でした。

　お互いを傷つけ合わないよう、はっきり批判すること
を避ける人が多いなかで、パティはルーシーにきっぱり
意地悪であると指摘し、変われないと言い切ります。人
に合わせて忖度したり、自分の考えを変えたりしないの
は、まさにルーシーがルーシーである証明。「変われない」
というのはある意味、ほめ言葉ではないでしょうか。

いいかい
キミはボクに何も役に
立ってくれない…

犬ならボクの親友のはずだ…
ボクがっくりきてる時には
慰めてくれるはずだ…

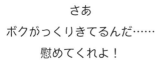

さあ
ボクがっくりきてるんだ……
慰めてくれよ!

ボクはスイッチみたいに
つけたりけしたりできる
タイプじゃないよ!

相手の
自分勝手な要求には
きっちりと線引きを

　家族や友だちなど、気を許している相手にはわがまま
になりがち。癒して欲しいとか、あっちに行って欲しい
とか勝手なことを要求して、自分の思い通りにならない
と怒りをぶつける。

　いくら仲がよくても、わがままな態度をしてきたら、
スヌーピーのように線引きをしても大丈夫です。「明日
も明後日も毎日会いたい」という依存的な恋人に対して
も同じ。相手に応えるばかりが愛ではありません。自分
のしたいことを優先して、「明日はしたいことあるから
ダメだけど、来週は会えるよ」と、別の提案をして対応
しましょう。

クスン！

わるいけど、
君の泣いてるの
聞いちゃったんだ…
どうしたの？

わかんない…
たださみしいだけ
なんだろ…

友だちだ！！

人は誰もが孤独
弱さが親近感に
つながることも

　サマーキャンプで知り合ったロイ。きっかけは、心細くて泣いている彼にチャーリー・ブラウンが声をかけたことでした。この後チャーリー・ブラウンは「友だちになってやった」と人助け気分ですが、ひとりぼっちのロイに親近感を持ったはず。

　誰もが孤独を感じる瞬間があります。たくさんの友だちに囲まれてにぎやかにしている人も、ひとりのときには寂しい気持ちを抱えているかもしれません。

　孤独を知っているからこそ他人の孤独もわかるもの。好んでひとりでいるように見える人も、誰かとつながりたいと思っているものです。

歴史の試験を
返してもらったけど…
見るのがこわいんだ…

いい点だといいんだけどな！
どうかいい点でありますように！
いい点でありますように！
どうかどうか！

試験勉強の前に
そのお願いやらお祈りを
するべきだったよ…

お願いやお祈りを
勉強と混同しては
いけないよ！

会話は正しく
返さなくても大丈夫
理屈抜きの
キャッチボールもあり

　いつも冷静沈着なライナスながら、テストの結果は心配でドキドキ。おまけにチャーリー・ブラウンからは、暗に「勉強すべきだったね」とたしなめられているかのよう。けれど、そんなチャーリー・ブラウンをライナスは逆にさとすような形でうやむやに。

　会話は、かみ合っていなくてもキャッチボールが続くことがあります。だから、理屈に理屈で返そうとしないで、ときには「理屈抜きのこともある」と考えてみる。文章とは違うので、正しい場所にボールを返さなくても大丈夫。暴投もきっと上手に受け止めてもらえます。

胃が痛むんで、
昨日保健室に行かなきゃ
なんなかったんだ…

心配しすぎるのよ、
チャーリー・ブラウン…
胃が痛くなるのも、ムリないわ…
そのバカバカしい心配を
みんなやめちゃわなきゃダメ！

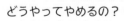

どうやってやめるの？

それは**自分**で心配しなさい！
５セントいただきます‼

悩みを打ち明けられたら
まず共感することが大切

　ルーシーの「精神分析スタンド」は、チャーリー・ブラウンの拠り所。たびたび悩みを打ち明けに向かいます。ルーシーは有能なカウンセラーなのかもしれません。

　この日、チャーリー・ブラウンは胃の痛みを相談します。体の不調の多くは、ストレスや不安や心配が原因だったりするもの。それを誰かが打ち明けてくれたら、ルーシーのように「ムリないわ」とまずは共感することが大事です。「あなたはずっと忙しかったから、そうなるよね」など、不調の原因を加えて、共感する言葉を返すと、相手は癒されるものです。

さて、先輩、
さよならの時間ですね…

その前にちょっと
聞いときたいことがあるわ…

私がやめてって頼むのに、
どうして"先輩"って
呼びつづけるのさ?

どんなにイライラするか
あなたにはわからないの?

わかりません、奥さま!

溜飲を下げる
攻撃はやめて
かわいい反撃を

　大親友でいつも一緒のふたり。マーシーは自分にない
魅力を持つペパーミント パティを慕って「先輩」と呼
びますが、当の本人はこの呼び名が嫌で仕方ありません。
ところが、まったくやめる気のないマーシー。最後には
「奥さま」と呼んで、小さな抵抗を試みます。

　相手に抵抗や反撃をするとき、やりすぎると相手を傷
つけてしまいます。自分はスッキリしたとしても、溜飲
を下げるために発する言葉によって、その後の関係を失
いかねません。マーシーのようにかわいい吐き出し方を
するのがよさそうです。

ちょっと先輩！
はいっていいですか？

"ちょっと先輩"？
なんて言いかたなのよ？
"先輩"って呼ぶのはよしてよ

私チャックの様子を
見てきたところなんです…
とても傷ついてます…
ベットにもぐりこんでます…

私もよ…どんなにカレの気持ちを
傷つけたかと思うと死にたいわ…
みじめな気持ちよ…ほんとに
カレを傷つけちゃったわ…

救急法のクラスで習ったんで
すけど、ダレかを傷つけたら
一番いい治療法は、ただちに
あやまることです…

悩んでいる友だちには
ちょっとだけ
背中を押す言葉を

　チャックことチャーリー・ブラウンに恋するペパーミント パティ。思い込みの激しい彼女は、チャーリー・ブラウンを傷つけたと思い込んで深く悩みます。

　そもそも人間とは基本的にネガティブ思考な生き物で、放っておくとつい悪い方へ悪い方へと考えがち。必要以上に状況を深刻に受け止めてしまうこともあるので、マーシーのように「謝ってみたら」とか、「ちょっと誘ってみたら」とアドバイスするのが効果的。相手は背中を押されて、「声をかけたら大丈夫だった！」と悩みモードから解放されるかも。

じゃあこの辺で、私は帰ります…
チャックのうちで
楽しくやってください…

そうだ！ ひとつ質問していい
ですか？ パパが旅に出たのなら、
どうして先輩はママとうちに
いちゃいけないんですか？

私には母親はいないのよ、
マーシー！

うちへ帰って
シタを黒くぬりつぶそう！

うっかり失言をしたときは
気持ちに寄り添う
言葉を添えて

　父親が旅行に出かけることになり、「ひとりで留守番できない」とチャーリー・ブラウンの家に泊まりに行くペパーミント パティ。父子家庭の彼女に、ママの話題を振ってしまいマーシーは後悔します。

　失言や暴言に対して謝るとき、「そんなつもりじゃなかった」と言うのは自分の非を認めないようで逆効果。かといって必要以上に「ごめんなさい」を繰り返すのも、相手を心苦しくさせます。まずは相手の気持ちに寄り添って、「嫌な気持ちにさせてごめんね」と謝りたいもの。その上で、自分なりの反省を伝えたいものです。

もうおしまいだわ！

川についてのレポートを
来週までに書かなきゃ
いけないの。きっと落第点を
とるに決まってるわ！

どうして一生懸命やって
これ以上書けないってくらいの
最高のレポートを
提出しないんだい？

考えたこともなかったわ、
そんなこと！

困っている人を責めてしまう「どうして～しないの？」はNG

　独自の哲学を持ち、いつも屁理屈で兄のチャーリー・ブラウンをやり込めるサリー。でも、この日はチャーリー・ブラウンも兄らしく、妹に小言を言います。

　けれど、人をとがめたり批判したりするときに、「どうして～しないの？」は避けたい言葉。できない、あるいはできなかったことで困っている人にその理由を問いただしても、救いのない気持ちにさせるだけ。言われた場合もその理由を考え込まず、サリーのように「考えもしなかった」くらいにその場をやり過ごし、あとから解決策を考える方がよさそうです。

どんなことも
永遠につづきはしない

よいことはすべて
いつか終わる…

よいことは
いつ始まるんだい？

同じ方向を
見ていなくても
一緒に話すことに
意味がある

　いつもお互いを温かなまなざしで見つめる、心やさしいチャーリー・ブラウンとライナス。ふたりはときどき、答えの出ない会話を楽しみます。

　仲のよい友だち同士、必ず適切な返事をしなくても、自分が感じたことをつぶやいていいのです。相手が「もう春も終わっちゃうね、つまんないな」と言ったら「おいしいパン屋さんを見つけたよ」でもかまわない。意味のあるやり取りじゃなくても、同じ方向を見ていなくても、一緒に話しているということが大事なのです。

チョコレート・チップ・クッキー
10 個も ?!

ちょうど夕飯を
つくろうとしてた
ところだよ

単なるウォーム・アップ・
クッキーさ…

食事の前にはまず
ウォーミング・アップ
しなくちゃね！

会話は思いつくまま
ふくらませたり、
ずらしたりが楽しい

　たぶんウォーミングアップするつもりなんてなくて、ただ食べたかったから、たくさんのクッキーを手にしたスヌーピー。食事の前であることをチャーリー・ブラウンからたしなめられて、言い訳というか屁理屈でごまかしているようにも見えます。

　でも、会話ってこんなもの。思いつくまま話がふくらんだり、ずれたりするから、1から10まで正確な内容を追求する必要はありません。みんなが何となく納得できるなら、言い訳もありです。楽しい言い訳を思いついたら、上手に使ってみてはどうでしょう。

これ以上望むことがあるかい？　顔に暖かい日差しを浴び…
自分の犬をひざに…　文句のつけようのない満足だ…

胸中と会話は同じと限らない
言葉で通じ合わなくても大丈夫

彼にはこういう一面もあるのさ…

　互いに信頼し合っているチャーリー・ブラウンとスヌーピー。でも、ちぐはぐなときもあって、この会話もチャーリー・ブラウンの「きっと相手も満足してるよね」的幸福感を、スヌーピーは理解しているようにも、冷ややかに見ているようにも受け取れます。

　私たちの会話も同じように、周囲からは成立しているように見えても、噛み合っていないことがあれば、反対に険悪に見えても実は同調しているということもあります。心の内と会話は同じわけではなく、すべて言葉で通じ合おうとしなくても大丈夫。そう彼らは言っているようです。

僕らはいっしょにもっと
何かすべきだって、
ルーシーが言ってる

そうすれば
ボクの落ち込みも
治るかもしれないって…

チェッカーでもいっしょに
やってくれるかい…

おまけに
わざと負けてやらなきゃ
いけないのかな…

落ち込んでいる人を観察して
どんな助けが必要か
考えよう

　スヌーピーとチェッカーでもすれば、自分の落ち込み
が治るかもと考えるチャーリー・ブラウン。スヌーピー
は、ゲームに勝たせてあげれば、彼が元気になるかもと
考えます。

　仲間が落ち込んでいたら、スヌーピーのように「どう
してあげるのがいいのかな？」と考えることが、何より
大切。声をかける、ただただ話を聞く、それとも一緒に
何かを楽しむなど、いろいろな方法があります。客観的
に観察して、どうすることが相手にとって効果的か考え
ましょう。

このうちのみんなが私を
きらっているのは知ってるわ！
私をちゃんと評価してくれる
ところへ行くわ！

この世には
私をもっと買ってくれる
ところがあるはずよ…

ヒントをちょうだい…

自信たっぷりの人も
実は不安
さりげなく手を差し伸べて

　いばり屋、ガミガミ屋、いつも不機嫌、自己中心的、意地悪、すぐに人を批判するなどなど、ルーシーの性格は笑ってしまうほど散々。でも彼女は、そんな自分が自分であることを大切にしています。そして、ひとりではできないことがあるとわかっていて、ときどき弱気になってしまう……そんな姿も、ルーシーをより魅力的にしています。

　自信たっぷりに見える人でも、「誰か本当のことを言って」「アドバイスして」と思っているかもしれません。心細さに気づいて、さりげなく寄り添いたいものです。

あなたの夢見るチームは
どんなの？

キミがいないチームさ！

あんな質問
するべきじゃなかったわ

努力の余地まで
否定してはダメ
次につながるアドバイスを

　弱気なチャーリー・ブラウンに対して、日頃から高圧的態度で手厳しいルーシー。でも、野球では立場が逆転、直球の反撃にちょっと落ち込みモードです。

　本来は、役に立っていなかったり、貢献できてなかったりする人に対して、「いない方がいい」はもちろん、「やっても無駄だよ」と言うのは NG。努力の余地があるはずなのに、その部分まで否定するのはやはり避けたいものです。「こうするとよくなるよ」という、次につながる前向きなアドバイスを心がけて。

私が何考えてるか
わかる、チャック？
かわいければ、
いい点もらえるってことよ…

もし私が
こんな顔だったら、
先生は
オール「A」くれるわ…

そんな顔じゃないほうが
いいな…

わあ、
目が痛くて…

ありがとう、チャック

劣等感は
ちょっと口にしてみると
意外に励ましてもらえるもの

　スポーツ万能なのに、勉強は苦手なペパーミント パティ。成績が残念な結果なのは、自分の容姿のせいだと考えます。でも、彼女の片思いの相手チャーリー・ブラウンからうれしい言葉が！

　個性は大事といいながら、かわいい方がいいとか若い方がいいとか、世間の決まった価値観に縛られて勝手に自信をなくしがち。そんな引け目に感じていることを口にしてみると、チャーリー・ブラウンのように言ってくれる人がいるかも。反対に相手が口にしたときは、「え、今の方がチャーミングだよ」と言葉に出して励ましたいものです。

[心の相談室　5セント]
[医師 在 室中]

きみの助言が
ぼくの役に立つかどうか
どうしてぼくにわかるのさ？

ここで与えられる助言は、
命中率100パーセントの
保証付きですよ…

ようし、
試してみるよ…

しゃきっとして！
あなた背中が
丸まってますよ！

体と心はつながるもの
表面を整えれば
内面も変化する

　心配性で悩み多きチャーリー・ブラウン。5セントを支払って、ルーシーの「心の相談室」へ通います。

　彼女のアドバイスは、背中をしゃきっとさせること。心とは無関係なようですが、体と心はつながっているもの。表面を整えることで、内面にも変化が訪れます。髪をきれいにしたり、メイクをしたりすることでも効果はあるもの。悩んでいる人には、「明るい色のシャツを着てみたら？」というアドバイスも効果的。相手が「はっ」とすれば、いい循環に変わります。

いいよ、シュートだ!

「惜しかったね」
って言わなかったわよ

言ってほしいことは
「言わなかったわよ」で
伝える

　うまくシュートできなかった妹のサリーに無言の
チャーリー・ブラウン。「惜しかった」と言ってほしい
サリーは、「言わなかったわよ」という表現で、言わせ
ようとします。

　恋愛関係ならなおさら、ロマンティックな言葉や励ま
しなど、相手から言ってほしいことがたくさんあります。
でも、なかなか思うようにはならなくて、不満がたまっ
て爆発してしまうことも。そうならないよう、サリーの
ようにユーモアも交えて口に出しましょう。不満をため
ないためにも、相手に言ってほしいことを伝えるために
も、よい方法です。

もし我々がきょうだいなら、
何故ボクはこんなに毛むくじゃらで、
キミはそんなにやせっぽちで、
キミはそんなにデブなんだ？

おれはやせてるんじゃない…
すっきりしてるんだ！

ボクも！
デブじゃない！

デブじゃないって？　　　　　　ボクはふっくらしてるんだ！

遠慮のない言い方は
やさしい表現に
置き換えて

　ふさふさのアンディ、砂漠に住むスマートなスパイク、そしてふっくらしたオラフ。デイジー・ヒル子犬園で生まれた彼らは、大きくなってから再会したスヌーピーのきょうだい。

　アンディのように親しい相手には遠慮のない表現をしがちですが、言葉の選び方によって同じことでもマイルドな表現になります。「ふっくら」もそうですが、たとえば優柔不断ではなく慎重、神経質ではなく几帳面など、やさしい言い方に置き換えて会話のなかで使っていきたいもの。場の空気がなごやかになります。

姉と弟である
私たちの問題が
何かわかってる？
うまくやってくための
努力が足りないのよ…

つまり、
私は努力してるのに、
あんたがね…

じゃ、みんなぼくのせい？

やっと努力し始めたわね！

理詰めで
やり込めないように
相手を評価する
言葉をかけて

　文句の多いガミガミ屋の姉と心やさしく冷静沈着な弟。いつもライナスはルーシーに言われっぱなしで、上からな態度でやられていますが、この日は少し様子が違うよう。

　私たちも相手が自分の意に沿わない態度をしたり、状況にあったりすると、つい理詰めでやり込めてしまいますが、意に反して嫌なムードで終わってしまうことも。このルーシーのように、ちょっとポジティブに肯定的な言葉で相手を評価すると、場の雰囲気やお互いの関係も変わってきます。

今日、大きなテストに
失敗しちゃったの…
マルがぜんぶバツで、
バツがみんなマルだった…

それが人生さ…
マルはすべてバツ、
バツはすべてマル

犬だったら
人生はもっと楽でしょうね…

マル…
いや
バツかな？

不幸が幸せになる日が来る
人間塞翁が
犬(?)な励ましを

　勉強が苦手で学校が嫌いなサリーは、いつも兄の
チャーリー・ブラウンに宿題を手伝わせるちゃっかり屋。
そんな妹に対してチャーリー・ブラウンは、いつ幸せは
不幸に、不幸は幸せに転じるかわからないと諭している
ようです。

　ネガティブなできごとが起きても、少し時間が経った
り状況が変わったりすると、それは自分に必要だったと
か、やってよかったとか肯定的に受け止めることができ
ます。「もう少し時間をかけてみようよ」と声をかけると、
相手はほっとするのでは。

どうして人は一晩中眠れずにすべてを心配しなきゃなんないんだ？

どうして人は世界中の悩みを
背負わなきゃなんないんだ？

目をつむれよ

つらい現実からは逃げてもいい
相手が救われるひと言を

　ベッドに入ってもすぐに眠れない夜、チャーリー・ブラウンはいろいろなことに思いをめぐらせます。なかでも多いのは心配事。翌日の野球の試合のことや見つからない図書館の本のこと、そんな悩み多きチャーリー・ブラウンに、スヌーピーは明快なアドバイスをします。

　辛い現実には、立ち向かったりするだけが正解ではなく、あまりに辛いときには目をそむけたり目をつむることも必要。「目をそらしてもいいんだよ」とか「ちょっと別のことをしてみたら？」と声をかけると、悩んでいる人は救われるものです。

生徒会長に
立候補することにしたんだ

いいね、ピッグペン、
でもまず少しきれいにした方が
いいんじゃないかな…

もうした…
ポケットから
古いキャンディの包み紙
みんな出したよ…

頑張りは人それぞれ
お互いさまと
認め合いたい

　なぜかホコリを集めてしまうピッグペンは、マイペースで楽観的な男の子。ホコリがあれば幸せで、チャーリー・ブラウンとは違う価値観を持っています。

　相手の期待に沿えないことは、誰にでもあります。どこまでできるかは、それぞれの力量や状況によること。だから、たとえ物足りなくても、その人なりに頑張ったことを評価しましょう。「あと一歩だよね、でも頑張ったね」など、言うべきことは伝えながら、頑張ったことをきちんと認め合いたいものです。

お待ちどおさま…
犬が３匹、
ご飯が三つ！

ご飯だ！　ご飯だ！
やったぜ、ご飯だよう！

今のいったい何なの？

ごめんよ…カレはあれを
楽しみにしてるんだ…

毎晩かい？
気恥ずかしいなあ

ときには子どもっぽく
感情を言葉に
出してみるのもあり

　チャーリー・ブラウンからご飯をもらうとき、スヌーピーが大喜びで踊るハッピーダンス。子どもの頃は、ただうれしくてはしゃいでいたのですが、今はチャーリー・ブラウンを喜ばせるために演じることも。

　無理矢理はしゃいだり、ウケを狙う必要はないけれど、ポジティブなことで、「うれしい！」「やったー！」と素直に感情を表すのはいいことです。会話の相手に話が弾んでいると感じてもらえます。ただ、相手への過剰サービスは必要なく、ときどき感情を出すくらいが自然でよさそう。

CHAPTER 3

視点を変える
会話術

世のなかの基準や当たり前と思っていた考え方を変えて
みたり、相手の発言を前向きに受け止めてみたり……。
それだけで、同じ言葉でも意味が違ってくるもの。気持
ちをポジティブに切り替え、心を楽にしましょう。

I'M SORRY THAT YOU HAVE TO WEAR GLASSES, LINUS...

DON'T FEEL SORRY FOR ME, CHARLIE BROWN...WHY, I CAN SEE THINGS NOW THAT I NEVER KNEW EVEN EXISTED BEFORE!

めがねかけなきゃ
なんないなんて
かわいそうだね、
ライナス…

そんなこと思うなよ、
チャーリー・ブラウン…
前には存在していることすら
気づかなかったものを
見ることができるんだから！

TAKE LUCY FOR INSTANCE...FOR THE FIRST TIME I REALIZE WHAT A GORGEOUS CREATURE SHE REALLY IS!

GLASSES HAVEN'T IMPROVED ONLY HIS SIGHT...THEY'VE ALSO IMPROVED HIS SARCASM!

たとえばルーシーだ…
ルーシーが
こんなに美人だってことを
ボクは初めて認識したよ！

めがねはカレの視力を
改善しただけじゃなく…
皮肉まで改善したわ！

ネガティブ発言を
切り返すには
世間の基準に
とらわれないこと

　めがねをかけることになったライナスは、チャーリー・ブラウンから「かわいそう」と言われてしまいます。でも、強みや弱みは見る人によって違うもの。ときには、マイナスに思われることがその人の個性や長所になったりします。だから、世の中の基準をうのみにせず、少し目をそらしてみることも大切。

　ライナスは日頃から怒りっぽく高圧的な姉ルーシーへの皮肉を込めて反論してみせます。その言葉にチャーリー・ブラウンも「はっ」と気づいて、めがねへの見方が変わってくるかも。

ベートーベンの好物のひとつは
マカロニとチーズだった

ボクの結婚する女の子は
おいしいマカロニとチーズ
がつくれなきゃね…

ベートーベンは
コーンフレークは
好きだったかしら？

落ち込みそうなときは
別の方向に
会話を広げよう

　気になる相手の言葉は深読みしがち。相手の考え方を話しているだけなのに、「料理のできない君は必要ないよ」と自分ごとに受け止めてしまったり……。自己肯定感が下がって落ち込みモードに入ると、相手に対する態度も不自然になります。

　そんなときは、ルーシーのように他の話題を提案してみては？　話をひとつに絞らないで、別の話題を相手に与えることで、自分も少し気が楽になりそう。そこから会話が弾めば、さらによいコミュニケーションが生まれるでしょう。

人生ってむずかしいね
チャーリー・ブラウン

ほんとにそうだ

でもボク
新しい哲学を
考え出したんだ…

心配するのは
1回に1日分だけって
きめたのさ！

難しい問題を相談されたら
長引かせず
打ち切るのもあり

　チャーリー・ブラウンとライナス、いつもルーシーにやりこめられているふたりは親友です。人生について考えますが、チャーリー・ブラウンは心配性らしい哲学を披露します。

　5分以上考えても答えが出なければ、それ以上考えても答えは出ないもの。悩みごとなど、じっくり聞いて欲しい相手もいますが、打ち切ることも大切。話しているうちに次々に不安や不満が湧き出てきて、負のスパイラルに陥ることがあるからです。すぐには解決できない難しい問題を相談されたら、長く時間をかけすぎないようにしましょう。

手紙届いてる、どう、チャック？

"私を好きなことは知ってます、私も私なりにあなたが好きですが、でも…"

あのかわいい赤毛の子からだな…好きだってこと知ってるんだ、だから…

赤毛の子からじゃないよ、チャック！
その手紙は**私**からだよ**！**
私を好きなんでしょ**！**

そうなの？

正面をはずす返球は
ちょっと相手をかわす
テクニック

「おひとよしのチャック」のことが、大好きなペパーミント パティ。でも、当のチャーリー・ブラウンは、そんな彼女の切ない気持ちに1ミリも思い至りません。

関西で使われる「知らんけど」のように、はぐらかすようなチャーリー・ブラウンの「そうなの？」。正攻法では返さないで、「私はそれ気にしてないから知らないよ」とかわすテクニックです。多用しすぎると会話が成立しませんが、相手の胸元にボールを返さないでそらす会話術、うまく取り入れてみては。

おはよう、チャック…
ヤレヤレ、ほんとうに
長い夜だったわ！

私に必要なのは
ゲップが出るほどの
朝ご飯だわ…

ホットケーキを一山と
目玉焼きをふたつ、
ソーセージとオレンジジュース
とメロンをひときれってどう？

どっちのコーンフレーク
を食べる？

希望に添えない場合は
具体的な選択肢を
提案する

　父親が旅行中のペパーミント パティは、家にひとりきりのためチャーリー・ブラウン宅に滞在中。ゲストルームはスヌーピーの犬小屋ながら、朝食には贅沢なメニューを希望しています。

　相手がさまざまな要求をしてきて、それに対応するのが難しい場合。「無理だよ」と即答しないで、チャーリー・ブラウンのように自分ができそうな選択肢を提案してみては。「今週は忙しいけど、来週の土曜か日曜ならランチできるよ」など、具体的な選択肢があることで、相手も納得してくれそうです。

美しさの秘訣

美しさについてのコラム
なんてよく書けるわね？

美しくもないくせに！

かわいさの秘訣

意地悪な批判をされたら
前触れなく
話題を変えよう

　想像力豊かなスヌーピーは、ときどきタイプライターで小説を書きます。けれど、ルーシーから意地悪な突っ込みが……。そんなときは、話題を変えるに限ります。

　理路整然とした文章とは違って、話し言葉は「ところで」のひと言もないまま突然違う話題になったりしますが、それはそれで、かまわないもの。意地の悪い批判や指摘に対しては、何の前触れもなく他の話題に移るのもありです。会話が成立していなくても、何となく言いたいことは言い合えたと、お互いに納得できる日もあるものです。

IF YOU AND I WERE TO GET MARRIED, DO YOU SUPPOSE WE...

DON'T SAY ANOTHER WORD! WE'RE NEVER GOING TO GET MARRIED SO THERE'S NO SENSE IN TALKING ABOUT IT!

もし私とあなたが
結婚するとしたら、
あなたは…

それ以上言うなよ！
ぼくらは絶対に結婚
しないんだから、そんな話
しても意味ないよ！

NOW I FORGOT WHAT I WAS GOING TO SAY..

何を言おうとしてたか
忘れちゃったわ…

予想外の
ネガティブ発言には
話を打ち切ってとぼける

　片思いの相手シュローダーに仮定の話を持ちかけただけなのに、取り付く島もないくらい全否定されたルーシー。思わずフリーズしてしまいます。

　否定や非難などネガティブな言葉を投げかけられると、とことん追求してみたり落ち込んだり、ついつい過剰に反応しがち。特に理屈での反論は理詰めになって、よい結果になることが少ないようです。そんなときは、ひとまず話を打ち切って。

　沈黙後のルーシーの「忘れちゃったわ」は、予想外な返事をされたときのかわし方として有効なテクニックです。

> I WONDER IF IT'S POSSIBLE TO BE IN LOVE WITH TWO DIFFERENT GIRLS AT THE SAME TIME..

3-7

同時にふたりの子を愛する
ことなんて可能かなあ…

相手の気づきを誘う
別のものに置き換える話術

　同じ学校に通いながら話をしたこともない "赤毛の
女の子"、そしてサマーキャンプで出会った "ペギー"。
このふたりがチャーリー・ブラウンの恋の相手。スヌー

クッキーがふたつあったのを思い出すよ…
チョコチップとピーナッツバターでね…
ボクはふたつとも愛したよ…

ピーに恋愛相談でもするように恋の悩みをつぶやくのに、
スヌーピーはクッキーの話に置き換えてしまいます。

「恋愛相手」を「食べ物」に換えるなど、対象を置き換
えて話すのは、相手の視線を少しずらす、高度な会話テ
クニックです。こうすることで、チャーリー・ブラウン
も「そりゃクッキーとは違うよね、ふたりは同時に愛せ
ない」と気づくかもしれません。

きみにはほんとうに
頭にくるよ!!

どうしてそこまで
ヘタなんだ?!

私に言ってる?

怒りの直球は斜めから見て
真正面から
受け止めないように

　自分の野球下手を棚に上げて、ルーシーに怒りをぶつけるチャーリー・ブラウン。でも、そんなチャーリー・ブラウンの一撃もルーシーはあっさりかわします。

　誰かに怒られたり責められたりしたとき、その直球を真正面から受け止めすぎないのも大切。「じゃあ二度と来ない」と言いたくなる状況でこそ、受け止める角度を少し変えてみましょう。

　「今朝、奥さんとケンカしたのかな」とか「体調悪いのかな」とか、他の理由で怒っているのではと、少し斜めから見ることで球もかわせるし、気持ちも楽になります。

［心の相談室 /5 セント］
［医師 在 室中］

どうしてかなあ…
孤独を感じることが多いんだ…

ダンスのレッスン取れば？

ダンスのレッスン？

ダレもボクと
ダンスして
くれなかったら？

すくなくとも
ダンスのできる孤独な人
になれるわよ

難しい相談には
ストレートに答えないで
別の提案を

　レモネードスタンドを改造して、「心の相談室」を開くルーシー。常連のチャーリー・ブラウンは、彼の定番でもある孤独についての悩みを聞いてもらいます。そんなときルーシーは、「孤独は悪いこと」とか、「ダンスをすれば必ず孤独は解消できる」なんて言いません。

　ネガティブな悩みや欠点を打ち明けられたとき、「あなたはきっと変われる」ではなく、ルーシーのように悩みそのままとして「これを楽しんでみたら？　こういうこともできるんじゃない？」と応えましょう。視点を変えると、相手も悩みや欠点が違うように見えたりします。

CHAPTER 4

言葉のいらない
会話術

表情やしぐさだったり、声のトーンだったり。言葉以外にも、気持ちや思いを伝えるものがあるはず。スヌーピーたちも無言で怒ったり、喜んだり。言葉はなくても、お互いに良好なコミュニケーションはとれます。

スポーツ界の暴力について
記事を書いてるんだけど…

暴力をなくすのに
役立つと思うこと
何かありますか？

チュッ！

キスをふやすこと！

日常の嫌なことは
ハッピーなことで
遠ざけて

　「意地悪されたから、仕返しをする」というように、世の中にあるマイナスなものに対して、嫌なことで対処することがあります。でも、日常にある嫌なことは、ハッピーなことで遠ざけましょう。

　好きなことをしたり、美味しいものを食べたり、きれいなものを見たりして、気持ちをまぎらわすのもひとつの手段。嫌なことに直面している人には、「とりあえずお茶でも飲みましょう」と言ってあげましょう。心がほどけて、解決することもあります。

キミが何を必要とするか
分かるかい？
キミは命令を聞くのを
おぼえる必要があるんだ

おすわり！

自己表現することで
ささやかな抵抗を
試みよう

　誇り高きビーグル犬のスヌーピー。たとえ飼い主チャーリーの命令であろうとも、素直には従いません。「おすわり！」と言われたら、平然とラグジュアリーなソファに座るのです。

　無言のままに伝える、ちょっとした抵抗。たとえば上司から、「もっと社会人らしい格好を」と言われたときなど、派手なハンカチを持つとか、靴下だけカラフルにしてみるのもひとつの方法。言葉で伝える方が正解かもしれませんが、それができないときには小物で「私はあなたが思っている人ではないの」と表現してみては。

片方だけが損をしない
マイナスはシェアして
お互いに気持ちよく

　ビーグル長官になれば秘書に、フライング・エースに
なれば整備士に。変装したスヌーピーが妄想モードに突
入すると、すぐに相方を買って出るウッドストック。そ
んなふたりだから、傘が1本しかなくても大丈夫。

　自分のために何かしてもらうとき、相手だけが犠牲に
なったり不利になったりするのではなく、シェアするこ
とで乗り越えられることがあります。席をゆずられたと
き、ゆずってくれた人の荷物を持つのもそんな感じ。ど
ちらも相手を助けつつ助けられた気分になって、気持ち
のいいコミュニケーションが生まれます。

どちらかだけでなく
どちらも
いいとこ取りで
楽しく解決

　ライナスをいつも落ち着かせる安心毛布は、スヌーピーにとっても心地いいもの。奪われても奪い返さないで、一緒に寄り添って眠ればさらにぐっすりと……。

　彼らのように、お互いに歩み寄ることで解決できることがあります。習慣や文化も同じで、会社や地域などのコミュニティで考え方ややり方に違いがあったとき、どちらかに合わせるだけが方法ではありません。お互いに真似したり取り入れたりしてみると、結局はいいとこ取りに。意外に合理的な、楽しい解決につながります。

ハッピーになるヒントは
身の回りの環境を
整えること

　スヌーピーに肖像画を描いてもらったウッドストック。家に飾ってみたものの、ちょっと納得がいかない様子。でも、笑った口を描き足してもらったら、たちまち楽しそうに。

　自分がハッピーでいられる状況や環境をつくることは大切。たとえば花やグリーンを飾ったり、眠れないときにはベッド周りを整えて温かい飲み物を飲んだり、気持ちがポジティブに落ち着くように演出したいものです。人をご機嫌にさせる環境づくり、ウッドストックとスヌーピーのように誰かにしてもらったり、してあげてもよいのでは。

アートをはさんで
いつもと違う
コミュニケーションを

　シュローダーのピアノ演奏に合わせて踊ったり、ときには邪魔したり、子守唄がわりに眠ったり、とにかく楽しんでいるスヌーピー。この日は、音符と格闘しているようです。

　演奏など何かを一緒に楽しむのは、言葉のいらないコミュニケーション。カラオケなら手拍子したり拍手したりすることで、心の距離が近づきます。展覧会や映画を一緒に鑑賞するのも、いつもとは違うやりとりになって楽しいもの。「好き」とか「苦手」とか、間にアートをはさんだ言葉のセッションで、気が合わないと思っていた人が実は同じ趣味という発見も楽しみです。

LASTLY

おわりに

　あれは私が中学1年のとき。ちょっとした事情があって、数日間、私は両親と離れてすごすことになったのです。

　滞在先は、親の知り合いが営んでいる旅館。ひとりでどこかに泊まるのははじめてで、ちょっとワクワクもしたけれど、夜にはやっぱり心細くなってしょんぼりしていました。すると、旅館の女主人が「これ息子のだけど」と何冊かの本を貸してくれたのです。それが、ピーナッツのコミックスでした。

　なにげなく開いてみて、中学生の私はビックリ。吹き出しの中は日本語だけど、コマの外には英語が書かれてる。スヌーピーという犬が出てくるけど、人間たちと対等だし、心のなかでいろいろ考えている。大人は出てこない。それに、みんなけっこう自分勝手で、それぞれの世界を生きている。でも、ケンカして二度と会わないなんてことはなく、文句を言ったりちょっと落ち込んだりしながらも、またなんとなく仲良くやっている……。親がいないさびしさも忘れ、ピーナッツの世界に夢中になったのをよく覚えています。

　あれからもう50年近い歳月が流れました。精神科医になった私は、何度も「人間関係やコミュニケーションのコツはあのピーナッツの世界にあるのでは?」と思うことがありました。そして今回、それをようやく一冊の本にまとめることができたのです。ちょっと大げさに言えば、50年ごしの夢がかなった、ということでしょうか。人生ってなんてステキなんでしょう!

　本の企画のお話をリベラル社の鈴木ひろみさんからいただいたとき、ごはんを前にしてスヌーピーがときどきそうするように踊り出したくなりました。ライターの水谷みゆきさんは私の思いを的確にことばに変えてくださり、まるで思ったことを音で奏でるシュローダーみたい、と思いました。ふたりには心から感謝しています。

　ちょっとさびしい夜をすごしていた中学生の私は、ピーナッツの世界に触れて心がふわっと軽くなりました。この本が、あなたにとってもそんな一冊になりますように。

香山リカ

♣ チャールズ・M・シュルツ

1922年、アメリカのミネソタ州ミネアポリス生まれ。およそ半世紀にわたり「ピーナッツ」のエピソードを17,897も描いた。1984年には、「ピーナッツ」の掲載紙数が2000紙を超え、当時世界でもっとも多くの読者を持つ新聞連載コミックとしてギネスブックに認定。2000年2月12日夜、77歳で亡くなる。それは奇しくも日曜版「ピーナッツ」最終回を掲載した新聞が読者に配達される数時間前のことだった。

❀ 谷川俊太郎

1931年、東京都生まれの詩人。『二十億光年の孤独』でデビューし、絵本、童話、シナリオ、脚本、翻訳などで幅広く活躍した。1966年、アメリカで「PEANUTS」に出会い、翻訳を開始。日本の読者が知るPEANUTSフレンズの名ゼリフは、彼の翻訳によるもの。キャラクターについての詩や、シュルツ氏へ捧げる詩なども創作している。

▣ 香山リカ

1960年、札幌市生まれ。東京医科大学を卒業し精神科臨床のかたわら教育活動にも携わる。50代になってからは総合診療医としての勉強を始め、2022年4月からは北海道のむかわ町国民健康保険穂別診療所でへき地医療に取り組んでいる。学生時代に始めた執筆活動や、週末の東京での精神科医としての臨床を今も継続し、北海道と東京の二拠点生活を楽しむ。

原作	チャールズ・M・シュルツ
訳	谷川俊太郎
監修	香山リカ

編集協力	水谷みゆき (ゲラーデ舎)
装丁・本文デザイン	尾本卓弥 (リベラル社)
編集人	伊藤光恵 (リベラル社)
編集	鈴木ひろみ (リベラル社)
営業	津村卓 (リベラル社)
制作・営業コーディネーター	仲野進 (リベラル社)

編集部　中村彩・安永敏史
営業部　澤順二・津田滋春・廣田修・青木ちはる・竹本健志・持丸孝・坂本鈴佳

スヌーピーの会話術

2023 年 7 月 23 日　初版発行
2023 年 9 月 13 日　再版発行

編　集	リ ベ ラ ル 社
発行者	隅 田 直 樹
発行所	株式会社 リベラル社

〒460-0008 名古屋市中区栄 3-7-9 新鏡栄ビル8F
TEL 052-261-9101　FAX 052-261-9134
http://liberalsya.com

発　売	株式会社　星雲社 (共同出版社・流通責任出版社)

〒112-0005 東京都文京区水道1-3-30
TEL 03-3868-3275

印刷・製本所　株式会社 シナノパブリッシングプレス